Die Mark
BRANDENBURG

EDITORIAL

Theodor Fontane hat in seinem autobiografischen Roman *Meine Kinderjahre* auf sie hingewiesen: »Es ist ein hübsches Wort, dass die Kinder ihren Engel haben, und man braucht nicht sehr gläubig zu sein, um es zu glauben.« Mit der Tatsache, dass man sie nicht sieht, konnten sich die Menschen nie abfinden, auch in der Mark Brandenburg nicht. So kommt es, dass sie hier in Kirchen und auf Friedhöfen in verschiedener Gestalt, als Taufengel, Musikengel oder Trauerengel, zu finden sind. Auch wenn die Engel nach der jeweiligen Mode gestaltet wurden, so haben sie an diesen Orten doch einen Bezug zu ihrer Herkunft, dem christlichen Glauben. Die Autoren des Heftes haben sich zu diesen Orten begeben, um den märkischen Engeln die Aufmerksamkeit zukommen zu lassen, die ihnen gebührt.

ENGEL – ZWISCHEN CHRISTLICHER BOTSCHAFT UND PROFANEM ALLTAG
Bernd Janowski
Seite 2

VIELFÄLTIGE HIMMELSWESEN – MITTELALTERLICHE ENGEL
Peter Knüvener
Seite 12

DER TAUFENGEL IN KUNOW – DOKUMENTA EINER RESTAURIERUNG
Thoralf Herschel
Seite 20

HIMMELSBOTEN MIT PAUKEN UND TROMPETEN
Bernd Janowski
Seite 28

SPURENSUCHE AUF MÄRKISCHEN FRIEDHÖFEN
Susanne Gloger
Seite 34

DIE TAUFENGEL DES HAVELBERGER BILDHAUERS HEINRICH JOACHIM SCHULTZ
Detlef Witt
Seite 42

Fürchtet euch nicht!

ENGEL

zwischen christlicher Botschaft und profanem Alltag

Wo zwanzig Teufel sind, da sind auch hundert Engel; wenn das nicht so wäre, dann wären wir schon längst zugrunde gegangen.

Martin Luther

In einer der Geschichten aus dem *Decamerone* lässt der italienische Renaissancedichter Giovanni Boccaccio einen Mönch auftreten, der seiner staunenden Gemeinde verspricht, er werde ihr als besondere Reliquie eine Feder des Erzengels Gabriel zeigen, die dieser in der Stube der Jungfrau Maria verloren habe, als er nach Nazareth kam, um ihr die Geburt des Heilands zu verkündigen. Aber haben Engel überhaupt Flügel? Als Jakob auf der Flucht vor seinem Bruder Esau, den er um das Erstgeburtsrecht betrogen hatte, in der Wüste Rast machte, hatte er einen Traum: »[…] eine Leiter stand auf der Erde, die rührte mit der Spitze an den Himmel, und siehe, die Engel Gottes stiegen daran auf und nieder«. Warum sollten geflügelte Engel eine Leiter benötigen, um zwischen Himmel und Erde auf- und niedersteigen zu können?

Es gibt weitere Fragen, die nur schwer zu beantworten sind: Welches Geschlecht haben Engel? Wenn sie in den bi-

Himmelsleiter am Aufgang der Kanzel in der Kirche Lauta-Dorf (Bautzen).

blischen Erzählungen überhaupt beschrieben werden, dann in der Regel männlich. Auch das griechische Wort ἄγγελος (*angelos*) ist eindeutig maskulin besetzt; eine grammatikalisch weibliche Form davon gibt es nicht. Warum assoziiert die Gegenwart mit dem Begriff »Engel« häufig junge, hübsche Frauengestalten mit wallendem Haar und riesigen weißen Flügeln? Die Frage nach dem äußeren Wesen der Himmelsboten beschäftigte bereits die Scholastiker des Mittelalters, als sie ausgiebig darüber disputierten, wie viele Engel denn auf der Spitze einer Nadel Platz fänden.

© Bernd Janowski

Trauernder Putto auf dem Friedhof in Riedebeck (Dahme-Spreewald).

In den biblischen Texten ist die Botschaft, die Engel überbringen, stets wichtiger als diese selbst. Selten nur werden sie überhaupt einer Beschreibung gewürdigt, und wenn es geschieht, bleibt diese zumeist sehr im Vagen. In der Ostergeschichte beschreibt Matthäus den Engel, der den Stein vom Grab Jesu wälzt, wie folgt: »Seine Gestalt war wie der Blitz und sein Gewand weiß wie Schnee.« Im zweiten Buch Mose heißt es: »Und der Engel des Herrn erschien ihm [Moses] in einer feurigen Flamme aus dem Busch. Und er sah, dass der Busch mit Feuer brannte und ward doch nicht verzehrt.« In der Tat haben diese Beschreibungen recht wenig mit dem zu tun, was wir an Bildern oder Figuren kennen. Die Engel, die die frohe Botschaft verkünden, müssen sowohl Maria als auch die Hirten auf dem Felde in der Nacht von Christi Geburt erst einmal beruhigen: »Fürchtet euch nicht!« Insgesamt scheint es, als dienten die uns bekannten bildlichen Darstellungen dazu, der Wirklichkeit der Engel auszuweichen.

Ungeachtet all dieser Unklarheiten erleben Engel im 21. Jahrhundert eine erstaunliche Konjunktur. Laut einer Umfrage des Meinungsforschungsinstituts Forsa aus dem

Detail vom Kanzelaltar in der Dorfkirche Flemsdorf (Uckermark).

Jahr 2005 glauben mehr Menschen in Deutschland an einen persönlichen Schutzengel als an Gott. Die Gelben Engel des ADAC sind als Pannenhelfer »jederzeit und überall für Sie im Einsatz«. Der Blaue Engel kennzeichnet umweltfreundliche Produkte und Dienstleistungen unter dem Motto: »Gut für mich. Gut für die Umwelt.« Und ein Laden im Zentrum Berlins bietet seit mehreren Jahren »eine umfassende Sammlung verschiedener Engel aus allen Rubriken an – ob für Esoterik, Religion oder einfach nur für Dekorationszwecke«.

In der Bibel kommen Engel sehr häufig vor: Als Boten sind sie »Werkzeuge Gottes bei der Weltregierung«. Sie verkünden der Jungfrau Maria die Geburt des Gottessohnes mit dem berühmten Gruß »Ave Maria, gratia plena, Dominus tecum!« sowie später den Hirten auf dem Felde die Geburt des Heilands. Zu Ostern erfahren die Frauen am Grabe von einem Engel, dass Jesus auferstanden ist. Bei der Himmelfahrt sind es Engel, die den kleingläubigen Jüngern versichern, dass Jesus wiederkommen wird. Und zum Weltgericht wird Christus in seiner Herrlichkeit erscheinen und alle Engel mit ihm.

Bereits im frühen Christentum werden Engel auch bildhaft dargestellt, in der Regel als Jünglinge in antiker Tracht, bekleidet mit einer Tunika und Sandalen an den Füßen. Sie erscheinen ohne Flügel und Heiligenschein, sind also nur aus dem Zusammenhang ihres Auftretens überhaupt als Engel erkennbar. Die vermutlich älteste Darstellung einer Verkündigungsszene findet sich in der römischen Priscilla-Katakombe aus dem zweiten Jahrhundert. Einige hundert Jahre später bekommen die Himmelsboten Flügel. Im 14. Jahrhundert tauchen, zuerst in Italien, die ersten weiblichen Engelsbilder auf.

Ein beliebtes Motiv seit der Renaissance ist der – oft nackte – Putto mit Flügeln oder der von Flügeln eingefasste Puttenkopf. Die Darstellung von Putten (oder Putti) geht auf antike Bilder und Statuen des Liebesgottes Eros zurück. Spätestens seit dem Barock bevölkern die putzigen, oft pausbäckigen Kinderengel in Scharen die Ausstattungsstücke der Kirchen. Man findet sie auf Altären, an Kanzeln, selbstverständlich an Orgelprospekten und sogar auf Epitaphien.

Überhaupt ist der Barock – sowohl in seiner katholischen als auch in seiner bescheideneren protestantischen Variante – die Blütezeit der Engelsdarstellungen in Kirchenräumen. Von den bemalten Kirchendecken schauen sie in großer Anzahl auf die versammelte Gemeinde hinab und vermitteln dem Gottesdienstbesucher wenigstens für kurze Zeit den

Türklinke am Portal der Dorfkirche Lunow (Barnim).

Eindruck, bereits im himmlischen Jerusalem angekommen zu sein. Während im Zuge der Aufklärung die Engel aus der protestantischen Liturgie ihren Abschied nehmen, ziehen sie – gemalt, geschnitzt oder in Stein gehauen – in fast jeden Kirchenraum ein: als Friedensengel, als Passionsengel mit den Marterwerkzeugen, als Krönungs- oder als Musikengel. Doch dienen sie nicht nur als Schmuck, sondern übernehmen auch sozusagen geistliche Amtstätigkeiten als Leuchterengel, Kanzelträger oder – besonders beliebt – als Taufengel.

Für das Entstehen der Taufengel war die Vorstellung eines individuellen Schutzengels wichtig, den jeder Mensch von Gott an die Seite gestellt bekommt. Bereits Martin

© Bernd Janowski

Engel als Träger des Taufbeckens in der Stadtkirche Ruhland (Oberspreewald-Lausitz).

Luther hatte sehr konkrete Vorstellungen vom Schutzengel, als er 1531 schrieb: »Liebes Kind, du hast einen eigenen Engel. Wenn du des Morgens und des Abends betest, wird derselbige heilige Engel bei dir sein, wird bei deinem Bettlein sitzen, hat ein weißes Röcklein an, wird dein pflegen, dich wiegen und behüten«. Gegen Ende des 17. Jahrhunderts, als in den protestantischen Dorfkirchen Norddeutschlands die ersten Taufengel erschienen, waren Engel tief in der Volksfrömmigkeit verankert. Was also lag näher, als die Himmelsboten mit ihrer Schutzfunktion auch am Sakrament der Taufe zu beteiligen? Die Reformation lag bereits über einhundert Jahre zurück, und der Kirchenraum wurde den veränderten Anforderungen der neuen Liturgie angepasst. Zudem waren durch den Dreißigjährigen Krieg zahlreiche Kirchen und ihr Inventar zerstört, was ebenfalls neue Ausstattungsgegenstände notwendig machte.

Die sich durch den Umbau des protestantischen Kirchenraumes ergebende Raumnot wird in der Regel als Begründung für die Installierung der Taufengel genannt, die über eine Wippe und ein Gegengewicht auf dem Dachboden bei Bedarf heruntergelassen und nach dem Vollzug der Taufe wieder nach oben gezogen werden können. Etwas Wahrheit steckt sicher in dieser Erklärung. Eine ebenso zutreffende Begründung für die innerhalb weniger Jahrzehnte entstehenden zahllosen Taufengel ist wohl auch die Vorliebe des Barock für die prächtige Inszenierung weltlicher und geistlicher Ereignisse. Zuständig für die Ausstattung der Kirchenräume

© Bernd Janowski

Emblematische Malerei am Gestühl der Dorfkirche Dedelow (Uckermark).

Küssende Putti am Altar der Dorfkirche Sternhagen (Uckermark).

waren die zumeist adligen Patronatsherren. Auch sie hegten mit Sicherheit den Wunsch, sich selbst zu inszenieren.

Bereits gut einhundert Jahre nach ihrer Entstehung gerieten die Taufengel wieder aus der Mode. Die aufkommende Romantik und der Klassizismus distanzierten sich von den schwelgerischen barocken Formen. Für diese Ablehnung gab es sowohl liturgisch-religiöse als auch ästhetische Gründe. Aus manchen Regionen sind aus der Mitte des 19. Jahrhunderts sogar amtskirchliche Verbote überliefert. Oftmals wurden die Taufengel vernichtet; im günstigsten Falle landeten sie im Museum oder in einem Abstellraum. Bei diesen sinkenden Sympathiewerten ist es erstaunlich, dass im Land Brandenburg mehr als 150 Taufengel erhalten geblieben sind.

Seit einigen Jahren erleben die Taufengel eine erstaunliche Renaissance. Vielerorts sind sie aus ihren Verstecken auf Kirchböden oder in Holzschuppen der Pfarrhäuser wieder hervorgeholt worden. Eine gemeinsame Spendenaktion des Förderkreises Alte Kirchen, des Brandenburgischen Landesamtes für Denkmalpflege und der evangelischen Landeskirche unter dem Motto »Menschen helfen Engeln« sorgte dafür, dass zahlreiche Taufengel restauriert und wieder in Funktion genommen werden konnten.

Spätestens mit dem Jugendstil zogen die Engel dann in die Sphäre des profanen Alltags ein. Während Schlafzimmerbilder, auf denen strahlend schöne Engel über ebenso strahlend schöne, zumeist blondgelockte Kinder wachen, mit etwas gutem Willen noch der religiösen Sphäre zugeordnet werden können, ist dies bei Spieldosen, Kettenanhängern, Kerzenleuchtern oder Deckeln von Zuckerdosen nicht mehr möglich.

Auch später finden Engel immer wieder Einzug in die moderne Kunst. Man denke nur an die Bilder von Marc Chagall oder Paul Klee. Ein besonderes Verhältnis zu Engeln hatte – nachzulesen in zahlreichen Gedichten – Rainer Maria Rilke. Seine ambivalente Einstellung ihnen gegenüber zeigt sich in den *Duineser Elegien,* die von Engeln gleichsam leitmotivisch durchzogen sind. Gleich in der ersten Elegie heißt es: »Wer, wenn ich schriee, hörte mich denn aus der Engel / Ordnungen? und gesetzt selbst, es nähme / einer mich plötzlich ans Herz: ich verginge von seinem / stärkeren Dasein. Denn das Schöne ist nichts / als des Schrecklichen Anfang, den wir noch grade ertragen, / und wir bewundern es so, weil es gelassen verschmäht, / uns zu zerstören. Ein jeder Engel ist schrecklich.« Rilkes Engel sind bereits nicht mehr die herkömmlichen biblischen Himmelsboten. Und auch bei Else Lasker-Schüler steht der Engel eher für eine unbestimmte Sehnsucht: »Ich suche allerlanden eine Stadt, / Die einen Engel vor der Pforte hat. / Ich trage seinen großen Flügel / Gebrochen schwer am Schulterblatt / Und in der Stirne seinen Stern als Siegel.«

Aus der Literatur des 20. Jahrhunderts, aus dem Film – erinnert sei nur an Wim Wenders' Meisterwerk *Der Himmel*

© Bernd Janowski

Darstellung des Weltgerichtes am Altar der Dorfkirche Laubst (Spree-Neiße).

über Berlin – und sogar aus der Popmusik sind Engel nicht wegzudenken. Zudem stellen sie ein beliebtes Motiv in der Werbung dar. So verkündete in einer Zeitschriftenanzeige vor etlichen Jahr eine erotische Engelin: »Ich trinke Jägermeister, weil er der Himmel auf Erden ist.« Und nicht zuletzt sind Engel aus der christlichen Theologie und aus den Kirchen in esoterische Zirkel abgewandert. Engel stehen heute für vielerlei. Ihre Botschaft ist vielfältig und ihre Aussage unklar geworden.

Der italienische Maler Gabriele Mucchi schuf in den neunziger Jahren des vergangenen Jahrhunderts das Wandbild »Versöhnte Einheit« für die Dorfkirche in Berlin-Staaken. Bereits im Jahr 1986 hatte der in Ostberlin und in Mailand lebende und arbeitende Künstler von einem katholischen Priester den Auftrag bekommen, die Cappella degli

© Thoralf Herschel

Restaurierter Taufengel aus der Dorfkirche Zollchow (Uckermark).

© Bernd Janowski

Engelsfigur vom Prospekt der ehemaligen Scherer-Orgel in der St. Marienkirche Bernau.

Angeli, die Engelskapelle, in Salussola, einer kleinen Stadt in den Piemonteser Hügeln, auszumalen. Motive sollten sein: »die Engel im Leben Christi, wie sie in den Erzählungen des Neuen Testaments vorkommen«. Mucchi, als Kommunist und großer Zweifler nicht von der Existenz von Engeln überzeugt, malte sie als schemenhafte Wesen, ohne Flügel und ohne Heiligenschein. Nach der Fertigstellung der sieben Fresken bemerkte er zu seiner eigenen Überraschung, dass es ihm nicht gelungen war, die Nichtexistenz der Engel malerisch darzustellen. In seiner Autobiographie schreibt er: »Ich stellte fest, dass auf den Wänden neben Maria, Jesus und den Jüngern diese durchsichtigen, apollhaften Epheben diejenigen sind, die sprechen und handeln. Sie verkündigen Maria die Geburt Christi, sie raten Joseph zur Flucht, sie trösten Jesus, sie heben die Kerkertür aus den Angeln. Also überhaupt nicht inexistent! Lebendig, aktiv! Sie sind die Achse, um die sich meine biblischen Darstellungen bewegen, sie sind der Schlüssel, der Sinn, die Bedeutung.«

Engel symbolisieren einen Bereich, der dem rationalen Denken verschlossen bleiben muss, eine »Möglichkeit der Versinnbildlichung des Transzendenten«. Das Bild des Schutzengels – oft losgelöst von christlichen Glaubensinhalten – hat sich bis heute erhalten, und es scheint in Zeiten metaphysischer Obdachlosigkeit sogar an Bedeutung zu gewinnen. Der auch heute noch beliebteste Taufspruch aus Psalm 91, Vers 11 und 12, hat seinen Einzug längst auch in die profane Welt gefunden: »Denn er hat seinen Engeln befohlen, dass sie dich behüten auf allen deinen Wegen, dass sie dich auf den Händen tragen und du deinen Fuß nicht an einen Stein stoßest.«

| Bernd Janowski

Vielfältige Himmelswesen
MITTELALTERLICHE
ENGEL

Engel begegnen uns in der mittelalterlichen Kunst auf Schritt und Tritt. Sowohl im Alten wie auch im Neuen Testament spielen sie eine wichtige Rolle als Boten – »Bote« ist die Übersetzung von altgriechisch ἄγγελος (»angelos«) – Gottes, selbst in der Offenbarung des Johannes. Engel verdeutlichen die Anwesenheit Gottes unter den Menschen. Nicht zuletzt deshalb war ihre Darstellung für die Künstler sicher ein besonders beliebtes Thema, und so sind es die Bilder und Kompositionen mit Engeln, die zu den schönsten gehören.

Wer kennt nicht eines der berühmtesten Kunstwerke des deutschen Mittelalters, den »Englischen Gruß« des Veit Stoß,

Wustrau, Verkündigungsretabel aus dem Havelberger Dom.

diese monumentale Schnitzerei, eine Verkündigung an Maria, inmitten der Nürnberger Lorenzkirche (1517/18)? Von einer solch prächtigen Verkündigungsgruppe in einer märkischen Kirche ist nichts bekannt, aber es gibt immerhin Flügelaltäre, die das Thema ins Zentrum der Darstellung rücken. In der Dorfkirche von Wustrau steht ein solches Retabel, das höchstwahrscheinlich aus dem Havelberger Dom stammt. Es wurde vermutlich von in der Prignitz ansässigen Künstlern geschaffen, die Verbindungen nach Mecklenburg (Wismar) hatten. Die Botschaft Gottes an Maria, dass sie einen Sohn gebären werde, überbringt einer der Erzengel – Gabriel.

Gabriel kommt ungewöhnlicherweise von der rechten Seite. Er kniet nieder und hat Maria bereits angesprochen – sie wendet sich um. Der Engel trägt ein langes, tunikaartiges Kleidungsstück und darüber einen goldenen Mantel. Die Rechte ist zum Gruß erhoben, in der Linken hält er einen Zweig – in dieser Form eine moderne Ergänzung. Die lan-

Verkündigung auf dem Köpenicker Retabel.

gen Lockenhaare werden durch ein Diadem zusammengehalten. Gabriel erscheint wie ein schöner Jüngling: freundlich lächelnd, bestimmt – seine übliche Darstellungsform. Häufig ist er in eindeutig bestimmbare liturgische Kleidung gewandet, wie z. B. auf dem Köpenicker Retabel (jetzt im Märkischen Museum), wo er in eine Dalmatika über einer Albe gekleidet ist, wie sie sonst Diakone – übersetzt aus dem altgriechischen διάκονος (»Diener«) – tragen. Damit ist seine Rolle in der Heilsgeschichte klar umrissen.

Brandenburg, Dom, hl. Michael vom Allerheiligenaltar (1465).

Ein weiterer Erzengel ist Michael. Ihm kommt eine entscheidende Rolle im Kampf gegen das Böse zu. Daher wird er – ähnlich wie der heilige Georg – als Drachenkämpfer dargestellt, im Unterschied zu jenem jedoch geflügelt und mitunter mit einem Federkleid versehen oder mit goldener Rüstung wie auf dem Brandenburger Allerheiligenretabel. Als Gerichtsengel mit Waage kommt er ebenfalls vor, so in Wilsnack als Glasmalerei oder als Tafelmalerei auf den Retabeln in Berlin und in Briest (Uckermark). Der Grund dafür ist

Allerheiligenretabel im Brandenburger Dom, 1465, obere Zone des Mittelstücks, Engel und Erzengel neben Marienkrönung.

Werben, Hochaltarretabel, Marienkrönung.

Hannover, Landesmuseum, Goldene Tafel aus St. Michaelis, Lüneburg, Engel aus dem Marientod.

Michaels zentrale Rolle beim Weltgericht, wo er als Richter auftritt. Damit wirkt er – anders als Gabriel und sonstige Engel – ehrfurchtgebietend und war von den mittelalterlichen Menschen als Respektsperson und als Zeichen des Jüngsten Gerichts gefürchtet.

Einer der Erzengel wird selten dargestellt, da er eine eher unrühmliche »Karriere« machte und als Gegenspieler Gottes gilt: Luzifer, der aus dem Himmel verstoßen wurde. Auf den Glasmalereien des Antichristzyklus in der Marienkirche in Frankfurt (Oder) werden er und sein schändliches Handeln unter den Menschen sehr ausführlich dargestellt (um 1370).

Auf dem schon genannten Brandenburger Allerheiligenaltar ist den »omnes sancti angeli et archangeli«, also »allen heiligen Engeln und Erzengeln«, wie die Inschrift mitteilt, ein prominenter Ort zur Rechten der zentralen Marienkrönung zugewiesen. Interessanterweise bekommt Michael darüber hinaus einen eigenen Platz. In diesem Bild sieht man, dass Engel sich selbstverständlich auch andernorts aufhalten, so als Musikanten und allgemein als Personal im himmlischen »Thronsaal« Jesu. Sie halten das Ehrentuch, das hinter dem Thron gespannt ist, sie beten, ja sie scheinen sogar die Nimben von Jesus und Maria zu stützen.

Beim Werbener Retabel wird die Szenerie der Marienkrönung von einer kreisrunden Glorie aus 27 Engeln eingefasst, die singen oder verschiedene Musikinstrumente spielen. Diese besonders reizvolle Komposition findet man eher

Stendal, Marienkirche, Hochaltarretabel (1471), Engel beim Anheben des Sargdeckels im Auferstehungsbild.

⊙ **Briest, Retabel** (um 1520), hl. Michael.

selten und sie könnte auf westfälische Vorbilder (Dortmunder Altar des Conrad von Soest, Hochaltar des Mindener Domes – jetzt im Berliner Bode-Museum) zurückgehen. Die Werbener Zahl von 27 Engeln könnte sich auf die neun Engelschöre beziehen, denn der mittelalterlichen Theologie nach gab es unter den Engeln eine klare Hierarchie, eine Unterteilung in neun Chöre mit jeweils drei Engeln.

Einen festen Platz nehmen die Engel bei der Auferstehung Jesu ein. Oft helfen sie, den schweren Deckel des Sarkophags anzuheben. Dabei handelt es sich um eine Übersetzung des biblischen Geschehens in die Gegenwart des jeweiligen Künstlers. In der Bibel selbst ist nur davon die Rede, dass der Stein vom Grab fortgerollt wurde (der damaligen landestypischen Sitte des Rollgrabs entsprechend) und das Grab leer ist. Die Frauen, die das Grab Jesu am Ostermorgen besuchen kommen, treffen laut dem Markusevangelium auf eine Jünglingsgestalt in weißem Gewand, die die frohe Botschaft verkündet. Allerdings ist diese Szene seltener dargestellt worden, als man denken könnte. Man hat den Eindruck, dass es im Spätmittelalter wichtiger war, den unglaublichen Vorgang der Auferstehung abzubilden.

Als Retter der Seele des guten, reuigen Schächers bei der Kreuzigung Jesu kommen Engel, Seelengeleiter genannt, auch in vielfigurigen Kreuzigungen vor. Die Seele, dargestellt als Kind, wird von einem Engel entgegengenommen und in den Himmel gebracht, während auf der gegenüberliegenden Seite ein Teufelchen die Seele des bösen Schächers in Empfang nimmt, der über Jesus selbst im Angesicht des Todes gelästert hat.

Engel haben natürlich überdies ihren festen Platz in den Heiligenlegenden, immer da, wo das Wirken Gottes in Erscheinung tritt und dargestellt werden soll. Mit eindrucksvollen Schnitzreliefs ist auf einem Retabel aus der Gardelegener Marienkirche (jetzt in der katholischen Kirche in Magdeburg-Ottersleben) die Katharinenlegende dargestellt,

Magdeburg-Ottersleben, katholische Kirche, Retabel aus der Gardelegener Marienkirche, Grablegung der hl. Katharina durch Engel.

Stendal, Jacobikirche, Marienkrönung der Chorschranke, um 1520.

Brandenburg, Dom, Detail des Kalvarienbergs mit Seelengeleiter.

darunter die Grablegung der Heiligen, die durch Engel vorgenommen wird.

So vielfältig das »Einsatzgebiet« der Engel auch ist, sie sehen letztlich immer ähnlich aus – vom gerüsteten Michael einmal abgesehen. Es gibt freilich Sonderfälle der Darstellung. Die Engelschöre bei der Geburt Jesu, die Engel bei der Marienkrönung oder beim Marientod werden von manchen

Malern seit der Zeit um 1400 besonders kunstvoll monochrom dargestellt. Bei der Lüneburger Goldenen Tafel (im Landesmuseum Hannover) sehen sie dadurch luftig aus wie wirkliche Himmelswesen.

Im späten Mittelalter ändert sich die Gestalt der Engel allerdings. In den Bildern Cranachs und seiner Zeitgenossen finden sich immer öfter Putten, also geflügelte Kinder bzw. Babys, mitunter auch nur geflügelte Puttenköpfchen. Diese Engelchen erleben dann ihre besondere Blütezeit im Barock, erfreuen sich aber dank der berühmten beiden Engelchen aus Raffaels »Sixtinischer Madonna« bis heute einer großen Beliebtheit. Die Engelchen und Putten haben nun vor allem die Aufgabe, die Bilder zu bereichern. Sie sind kunstvoll bewegt und gerieren sich mitunter wie kleine Akrobaten, wenn sie etwa bei der Marienkrönung Tücher und Mäntel halten, ja fast damit zu spielen und sich zu verstecken scheinen. Aber nicht nur die Bilder selbst, sondern auch das dekorative Beiwerk wird von ihnen bevölkert, wie man bei dem Kablower Retabel (1515) sehen kann, wo sie sich im Geäst der Predellenzwickel tummeln und dort die schotenartigen Früchte essen.

In den Kirchen nahmen und nehmen Engel auch konkrete Funktionen ein. Aus dem Mittelalter kennt man besonders die Leuchterengel, die oft in Paaren auftreten. Es gibt sie in kleiner Ausführung für den Altar und für das Aufstecken auf Stangen oder auch in monumentaler Größe, fast lebensgroß (Engel aus Bardowick im Landesmuseum Hannover), zur Aufstellung an den Seiten des Altars.

| Peter Knüvener

Kablow, Retabel (1515), Putten in den Predellenzwickeln.

Gransee, Marienkirche, Leuchterengel, um 1400.

© Jens Dornbusch, Beelitz

Der Taufengel in Kunow

Dokumentation einer Restaurierung

Die alte Feldsteinkirche in dem uckermärkischen Dorf Kunow liegt eingebettet in hügelige Felder oberhalb des Odertales nördlich von Schwedt. Der markante Kirchturm mit barockem Aufsatz und Spitzhelm grüßt die Besucher schon von Weitem. Jeder, der durch das eher kleine gestufte, steinerne Westportal eintritt, wird verzaubert von der Atmosphäre des Innenraumes. Die hölzerne Innenausstattung bildet ein stimmiges barockes Ensemble, das seine Formen und Farben im gedämpften Licht darbietet. Im Chorraum gehen das Altarretabel von 1719 mit den Bildnissen des Ehepaares von Wolde, der Stifter der barocken Umgestaltung der Kirche, die zahlreichen überregional bedeutenden Malereien auf den Gestühlbrüstungen und der schwebende Taufengel eine enge Beziehung ein.

Dieser Taufengel, der um 1720 entstanden sein dürfte, ist ein hervorragendes Beispiel barocker Schnitzkunst. Durch stilistische Vergleiche kann er dem Bildhauer Erhardt Löffler aus Stettin zugeschrieben werden, jenem Künstler, der den großen Hauptaltar in der Stettiner Jacobikirche 1709 schuf. Der Taufengelkörper strahlt in seiner aufwärtsschwebenden Haltung Dynamik aus. Die Körperachse ist unter dem teils expressiv gefalteten Gewand leicht verwinkelt, und auffällig ist die starke Drehung des Kopfes nach rechts, der in der Frontalansicht das markante Profil des Gesichtes zeigt. Unterstützt wird die Dynamik durch den weit vorgestreckten rechten Arm mit dem geschnitzten Halter der Taufschale in Form eines Blattkelches sowie die ausschwingenden großen Flügel mit lebendiger plastischer Detailausarbeitung.

In den letzten Jahren sind große Anstrengungen unternommen worden, die bauliche Hülle der Kunower Dorfkirche zu sanieren. Dabei waren besonders im Bereich des Turmes und der gesamten Dachkonstruktion umfangreiche Arbeiten notwendig. Während die hölzerne Innenausstattung noch darauf wartet, konnte der barocke Taufengel in den Jahren 2013/14 restauriert werden. Dies ist besonders den Anstrengungen der Kirchengemeinde und des Kunower Dorfvereins sowie der Aufnahme in das Programm

Besonders in Detailaufnahmen, wie hier der Rückenpartie, ist das Ausmaß der starken Oberflächenverschmutzung zu sehen, die auch durch den Zustand der Chorraumdecke bedingt ist.

◀ Der Taufengel schwebt im Chorraum vor dem Altar, hier im Zustand vor der Restaurierung mit der nicht originalen Farbfassung.

»Menschen helfen Engeln«, eine Gemeinschaftsaktion des Förderkreises Alte Kirchen Berlin-Brandenburg, des Brandenburgischen Landesamts für Denkmalpflege und der Evangelischen Kirche Berlin-Brandenburg-schlesische Oberlausitz zum Sammeln von Spenden, zu verdanken.

Eine kleine Bildgeschichte mit Erläuterungen soll nun die verschiedenen Phasen der Restaurierung erlebbar machen.

Vor der Restaurierung fristete der Engel ein trauriges Dasein. Für jeden sichtbar waren die starke Verschmutzung, viele Schäden an der Farbfassung sowie Schadensbilder am Träger aus Nadelholz durch Anobienbefall, aber auch größere klaffende Schwundrisse. Erstes Ziel jeder Restaurierung: die Sicherung und der Erhalt des vorhandenen Bestandes. Im Wesentlichen nennt man die dafür notwendigen Arbeiten auch Konservierung. In dann folgenden weiteren Schritten werden Arbeiten ausgeführt, die das ästhetische Erscheinungsbild verbessern, die Lesbarkeit des Kunstwerkes erhöhen oder auf historische Kontexte eingehen.

© Thoralf Herschel

Die Gesamtaufnahme zeigt den Engel nach dem Entfernen des lose aufliegenden Schmutzes mittels Pinsel und Absaugung. Die Feinreinigung erfolgte dann feinteilig feucht mit Tensiden auf Wattefahne. Im Rückenbereich sind die großen rechteckigen Zapflöcher für das Einsetzen der Flügel sowie die eiserne Schrauböse zur Aufhängung des Taufengels zu erkennen.

© Thoralf Herschel

Ein exemplarisches Schadensbild der Farbfassung zeigt dieses Foto im forcierten Streiflicht. Das Verwölben und Ablösen der kleinen Farbschollen entsteht durch zunehmende Versprödungen, hervorgerufen durch Alterungsprozesse und die Art der verwendeten Materialien. Hier haben zusätzlich die eingesetzten Bindemittel der Übermalung eine große Oberflächenspannung erzeugt. Dies führte zu zahlreichen Verlusten des gesamten Fassungspaketes. Alle losen Fassungsbereiche wurden mit einem Hausenblasenfischleim und der Wärme eines Heizspachtels angelegt und konsolidiert.

© Thoralf Herschel

Der Korpus des Taufengels ist mit gereinigter Oberfläche und konsolidierter Fassung zu sehen. Optisch sind nun jegliche Fehlstellen deutlicher zu erkennen.

Früherer Befall mit holzschädigenden Anobien hat die Holzsubstanz geschwächt und führte zu Instabilität und Verlusten. Durch Injektage von gelöstem Kunstharz wird nach dessen Aushärtung das Ligningerüst des Holzes stabilisiert, kleinere Fehlstellen später plastisch wieder aufgebaut.

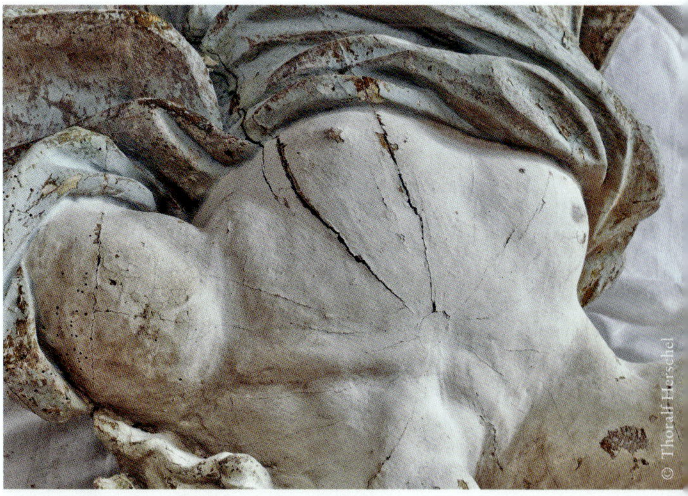

Der Engel zeigt neben kleineren einen langen, teils breiten, klaffenden radialen Schwundriss, der vom Brustbereich bis zu den unteren Gewandpartien verläuft. Dies ist angesichts der großen Holzmasse des aus einem Stück geschnitzten Korpus mit Kopf nicht überraschend.

Die klaffenden Bereiche wurden mit Holz ausgespänt und dem Formverlauf entsprechend verschnitzt sowie diverse Bereiche gekittet.

© Thoralf Herschel

Durch eine sondierende Fassungsuntersuchung unter Zuhilfenahme eines Stereomikroskopes wurde der genaue Schichtenaufbau des gesamten historischen Fassungspaketes ermittelt. Im Gewandbereich findet sich unter der Sichtfassung, die vermutlich aus dem Zeitraum von Ende des 19. Jahrhunderts bis Anfang des 20. Jahrhunderts stammt, in hellem Blau für das Obergewand sowie einem mittleren Blau für das Untergewand eine dünne weiße Grundierung. Darunter liegen partielle Ausbesserungen im Bronzeton, die wiederum auf der originalen barocken, goldfarbenen Bronzierung liegen. Noch eine Schicht tiefer gibt es die originale Leim-Kreide-Grundierung auf dem Holzträger. In der Originalfassung sind auch die Flügel, die Haare und die hölzerne Taufschale golden bronziert. In einem weiteren Schritt wurden, wie auf dem Foto zu sehen, größere Freilegungsöffnungen zur Beurteilung des Zustandes angelegt. Dies bildete die Grundlage für eine Diskussion und die Entscheidungsfindung mit der Gemeinde und den Denkmalbehörden. Nicht zuletzt wegen der Zugehörigkeit des Engels zum barocken Ausstattungsensemble der Kirche fiel die Entscheidung für eine Freilegung und anschließende Restaurierung der originalen Farbfassung.

Die Freilegungsöffnung im Gesicht zeigt sowohl für die Sichtfassung als auch die Erstfassung einen weißen Farbton. In der barocken Erstfassung gibt es jedoch eine feine schwarze Augenzeichnung mit Augenbraue (roter Pfeil), Lidstrich, filigraner Iris-Pupillen-Zeichnung sowie kleinen unteren Wimpern.

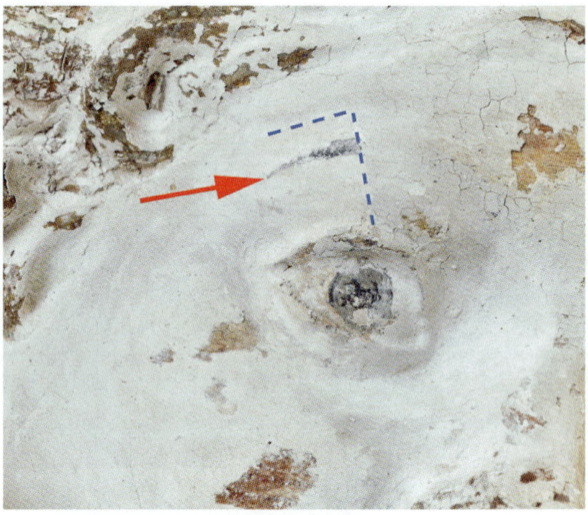

© Thoralf Herschel

© Thoralf Herschel

Für die abschließenden Retuschierarbeiten wurde der Taufengel im Restaurierungsatelier aufgehängt. Dadurch konnte die Wirkung der Fassung bezüglich verschiedener Blickwinkel und Lichtsituationen optimal beurteilt werden.

Im Zuge der Neubefestigung gelockerter Holzverbindungen wurde der kräftige barocke Holzdübel am Ansatz zum rechten Unterarm sichtbar.

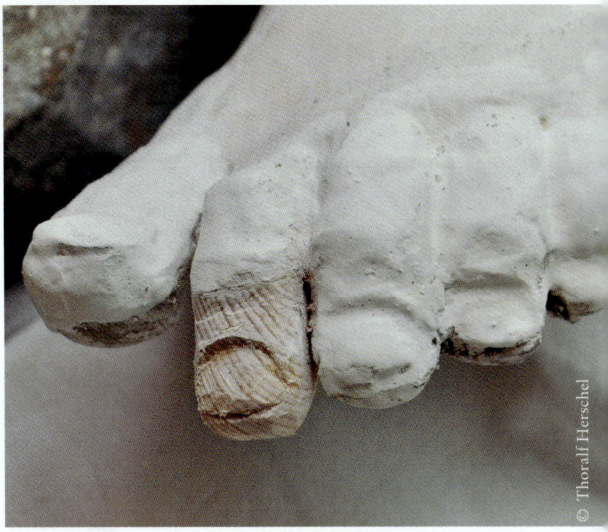

Die Aufhängung des Taufengels erfolgte mittels eines aus sechs Segmenten bestehenden geschmiedeten Eisengestänges mit drei hölzernen Zierkugeln, welches heute starr befestigt ist und kein Absenken des Engels zulässt. Auf dem Foto ist die freigelegte originale Rot-Bronze-Fassung der Kugeln zu sehen.

Kleinere Holzverluste, hier ein Zeh des linken Fußes, sind schnitzerisch ergänzt worden.

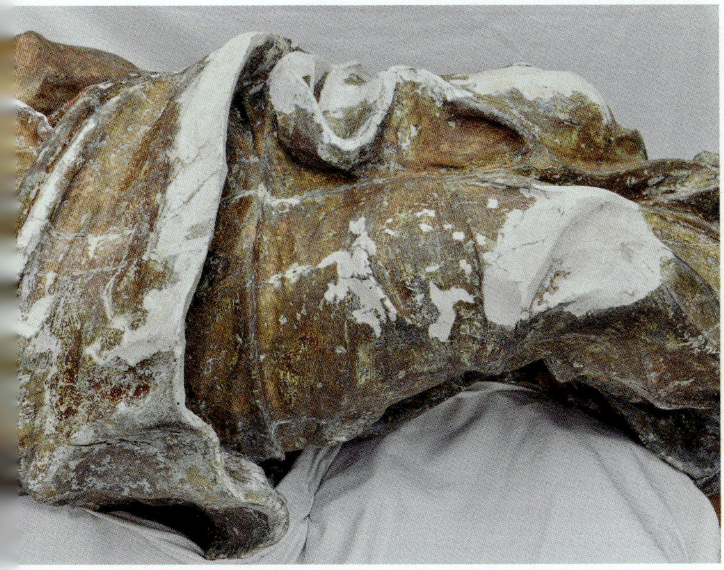

Als Vorbereitung der Retuschen sind Fassungsfehlstellen dem Original entsprechend aufgekreidet worden.

Durch die Restaurierung bilden nun Form und Fassung wieder eine Einheit, und die künstlerische Gestaltung ist in ihrer großen Ausstrahlung erlebbar. Im Bild: der restaurierte Taufengel im Chorraum der Kirche, hier noch in niedriger Position über dem Fußboden schwebend.

Die Kirche Kunow im Landkreis Uckermark ist ein frühgotischer Feldsteinbau aus der zweiten Hälfte des 13. Jahrhunderts. Die Kirche besteht aus dem Schiff mit eingezogenem Rechteckchor und dem Westturm. Der quadratische Turmaufbau aus Fachwerk mit verbrettertem Aufsatz und Spitzhelm wurde 1737 errichtet. Die wichtigsten Stücke der Innenausstattung stammen aus dem 18. Jahrhundert. Am 17. Mai 1719 wurde der Altar aufgestellt. Der Altaraufsatz zeigt in reichem, plastischem Schmuck im Mittelfeld ein Kreuzigungsgemälde, das der in Stettin tätige G. Meyn 1719 ausführte.

Neu im hendrik Bäßler verlag · berlin

Michael Stoffregen-Büller

Auf blauen Havelfluten

Royal Louise – die Fregatte der Preußenkönige und die Kaiserliche Matrosenstation zu Potsdam

Am Südufer des Potsdamer Jungfernsees. Vor einem norwegischen Holzhaus mit drachenverzierten Giebeln ankert ein englisches Segelschiff. Was wie der Schauplatz für Dreharbeiten eines Studio Babelsberg-Abenteuerfilms aussieht, ist in Wirklichkeit eine weltweit einzigartige Attraktion, eine Art »Doppeldenkmal«. Zu Wasser, der Nachbau einer 115 Jahre alten Königlichen Miniaturfregatte, und an Land, die wiedererrichtete »Ventehalle« der einst Kaiserlichen Matrosenstation Kongsnaes. Boot wie Gebäude spiegeln die Anfänge eines neuartigen Freizeitvergnügens: Von der »Lustsegeley« auf Spree und Havel über glanzvolle höfische Feste mit Gondeln, Kuttern und Barkassen bis zur Gründung der ersten bürgerlichen »Segelklubbs«. Es geht um ein spannendes Kapitel maritimer Zeitgeschichte, aber auch um die Gegenwart, um das Bemühen, diese ungewöhnlichen Kulturzeugnisse trotz aller Widrigkeiten zu erhalten. Es wird farbig und faktenreich von der Seefahrtpassion im Binnenland erzählt, von der Freude am sportlichen Segeln, dessen deutsche Wiege an Berlin-Potsdamer Gewässern stand.

1. Auflage 2016, 272 Seiten, mit 131 Abbildungen, 17,0 x 24,0 cm, Fadenheftung, gebunden, Euro 29,95, ISBN 978-3-945880-10-4

hendrik Bäßler verlag · berlin
Strausberger Platz 12 · 10243 Berlin
Fon: +49(0)30.240 858 56 · Fax: +49(0)30.24 926 53
E-Mail: info@baesslerverlag.de
www.baesslerverlag.de

»... weil die lieben Engelein selber Musikanten sein«

HIMMELSBOTEN MIT PAUKEN UND TROMPETEN

Was haben Engel mit Musik zu tun? Der »englische Gruß« (Ave Maria), den der Erzengel Gabriel im Lukasevangelium bei der Verkündigung der Jungfrau Maria entbietet, lautet: »Gegrüßet seist du, Holdselige! Der Herr ist mit dir, du Gebenedeite unter den Weibern!« Etwas weiter lesen wir in demselben Text, dass unmittelbar nach Christi Geburt die Menge der himmlischen Heerscharen Gott lobte und sprach: »Ehre sei Gott in der Höhe und Frieden auf Erden und den Menschen ein Wohlgefallen!« Von Singen oder gar Musizieren ist hier nicht die Rede und auch nicht anderswo in der Heiligen Schrift. Und die in der Offenbarung des Johannes beschriebenen sieben Posaunen der Apokalypse sind wohl auch nicht das, was wir uns unter Engelsmusik vorstellen. In der Bibel also: Fehlanzeige. Und doch gehört es zu den gängigen Klischees, dass die Engel im Himmel auf ihren Wolken sitzen und pausenlos singend und musizierend den Schöpfer loben. Von dem evangelischen Theologen Karl Barth stammt der wunderschöne Satz: »Wenn die Engel für Gott musizieren, spielen sie Bach. Aber wenn sie unter sich sind, spielen sie Mozart.« Und bereits Martin Luther, der selbst gern sang, recht gut die Laute spielte und als Vater des protestantischen Kirchenliedes gilt, dichtete: »Wer sich die Musik erkiest, / Hat ein himmlisch Werk gewonnen; / Denn ihr erster Ursprung ist / Von dem Himmel selbst genommen, / Weil die lieben Engelein / Selber Musikanten sein.«

Während in der frühen christlichen Kunst lediglich die bereits erwähnten Engel der Apokalypse mit ihren Posaunen zum Jüngsten Gericht riefen, erscheinen ab dem späten Mittelalter immer häufiger musizierende Engel, deren Aufgabe der festliche Lobpreis ist. So wurden u.a. die Verkündigung an Maria oder die Geburt Christi von Engeln musikalisch umrahmt. In der Renaissance und erst recht im Barock gehörten Gesang und Instrumentenspiel zum Alltag an den größeren und den kleineren Fürstenhöfen. Jede Epoche hat das Ideal ihrer Alltagskultur auch den Darstellungen christlicher Themen aufgeprägt. Es war nur folgerichtig, dass auch der »himmlische Hofstaat« zu musizieren begann, und es dauerte nicht lange, bis die Bilder ganzer Engelsorchester und -chöre die Kirchenräume bevölkerten. Die barocken Deckenbemalungen in zahlreichen brandenburgischen Dorfkirchen sind ein Beispiel dafür.

Die musizierenden Engel in der Dorfkirche Berlitt (Ostprignitz-Ruppin) wurden eher zufällig entdeckt. Als im Jahr 2003 Sanierungsarbeiten an der Dachkonstruktion des Kirchenschiffes begannen, kam unter den damaligen grauen Deckenbrettern die alte Decke zum Vorschein, die beim Einbau der Orgel vor einhundert Jahren durch eine neue Verschalung verdeckt worden war. Zu sehen waren plötzlich – wenn auch in einem ziemlich desolaten Zustand – barocke Malereien, die in der Zeit um 1700 entstanden sein dürften. In den mit Akanthusranken verzierten Feldern zwischen den De-

◄ **Trompetenengel** am Orgelprospekt in Wartin (Uckermark).

© Bernd Janowski

Posaunenengel an der Patronatsloge der Familie von Arnim in der Dorfkirche Sternhagen (Uckermark).

ckenbalken fanden sich zwölf kreisrunde Medaillons, die gemeinsam ein ganzes Engelsorchester darstellen. Die von geflügelten Himmelsboten gespielten Instrumente sind in ihrer Detailtreue zu bewundern: eine Harfe, eine Laute, eine Violine, ein Paar Kesselpauken und zwei Flöten. Zwei Engel halten singend Notenblätter in ihren Händen, und zwei weitere haben ihre Hände andächtig zum Lobe Gottes gefaltet. Man sieht ihnen förmlich an, welchen Spaß ihnen ihr frommes Musizieren bereitet. In der Mitte, direkt über dem Altar, ist in einem weiteren Medaillon Christus dargestellt, dem die himmlischen Klänge dargebracht werden. Nach einer umfassenden Restaurierung im Jahr 2012 ist das Engelsorchester heute wieder ein ganz besonderer Schmuck der Berlitter Kirche.

© Michael Schletze

Engel mit Geige und mit Laute (nächste Seite) an der Kirchendecke in Berlitt (Ostprignitz-Ruppin).

Besonders häufig finden sich Engelsfiguren an den Prospekten der Kirchenorgeln – als Verbindung der irdischen Welt mit der himmlischen Sphäre. Nicht immer dienen sie dort nur als Schmuckelemente. Mit beweglichen Gliedern ausgestattet und mit den Registerzügen verbunden, sind sie an der Kirchenmusik sichtbar selbst beteiligt. Weithin berühmt war seinerzeit die 1604 vollendete große Orgel im Magdeburger Dom, ein Werk des in Halle ansässigen Orgelbauers Heinrich Compenius des Jüngeren mit 42 spielbaren Registern, deren Prospekt von 42 farbig gefassten Holzplastiken (für jedes Register eine!) geschmückt war, von denen sich zwölf Figuren während des Orgelspiels bewegten. In einem zeitgenössischen Bericht über dieses Wunderwerk ist zu lesen: »Ehe man zur Abseite fortgeht, wird man wohlthun, einige Schritte in die Mitte des Schiffs zurückzutreten, um einen Blick auf die grosse Orgel zu werfen, welche über der Capelle in einer Höhe von 50 bis 108 Fuss steht und mit einer Menge von vergoldetem Schnitzwerk und Statuen geziert ist. Diese können durch Ziehwerke in Bewegung gesetzt werden. So z.B. David und Salomo, welche die Köpfe drehen; zwey Engel mit einer Laute und Zitter, welche sich ganz umwenden; mehrere Trompeter, welche das Instrument ansetzen und abziehen, und ganz oben ein schwarzer Adler, der sich in die Höhe hebt. Auf dem vordern Rück-Positiv steht in der Mitte ein Engel mit dem Notenbuch, der mit einem Stabe den Tact schlägt«. Im wahrsten Sinne die Krönung der Magdeburger Domorgel war ein vergoldeter Hahn, der krähen und mit den Flügeln schlagen konnte. Leider sind die Magdeburger Schnitzfiguren, bis auf den goldenen Hahn, nicht erhalten geblieben, nachdem die Compenius-Orgel im Zuge der Restaurierung des Domes durch Karl Friedrich Schinkel einem Neubau weichen musste.

© Michael Schletze

© Bernd Janowski

Engel des Jüngsten Gerichts am Altar der Dorfkirche Laubst (Spree-Neiße).

Anders in Bernau: Hier schuf bereits im Jahre 1573 Hans Scherer der Ältere eine Orgel für die St. Marienkirche. Auch dieses Instrument gibt es nicht mehr. Es wurde 1864 durch ein neues Instrument der Firma Sauer ersetzt. Doch blieben bedeutende Fragmente des Prospektes erhalten: Neben zwei ungewöhnlich geschmückten hölzernen Pfeifen, aus Medaillons wachsenden Köpfen und Ornamenten des Schleierwerks sind dies auch Schnitzfiguren musizierender Engel. So gab eine der erhaltenen Engelsfiguren mit beweglichem Arm den Takt an, während ein eher kindlich wirkender Engel die Pauke schlug. Weitere Engel scheinen, von der Musik ergriffen, zu tanzen.

Kleiner Engel mit Trommel vom Prospekt der ehemaligen Scherer-Orgel in der St. Marienkirche Bernau.

Lautenspielender Engel an der Orgelbrüstung der St. Nikolaikirche in Potsdam.

Welche Pracht der ursprüngliche Prospekt der Bernauer Scherer-Orgel einst ausstrahlte, lässt sich erahnen, wenn man in dem zwischen der Stadt und dem Orgelbaumeister geschlossenen Kontrakt folgenden Passus liest: »Es sollen 27 Engell und 22 Angesichter so oben uff dem werck und positieff stehen, auch 5 grosser Angesichter so unten am posietieff kommen gröb ferben und vergulden nach ordnung gemhalet und angestrichen werden, wie sichs uffs eigentlchste, vleissigste und kunstlichste gebüret«. Es ist ein großes Glück, dass wenigstens einige dieser Figuren erhalten geblieben sind. Lange Zeit fristeten sie ein kümmerliches Dasein an unterschiedlichen Orten, zuletzt notdürftig abgelegt auf dem sogenannten Schülerchor der Marienkirche. Im Zusammenhang mit dem bevorstehenden Reformationsjubiläum 2017 war es nun möglich, die Bernauer Prospektfiguren zu restaurieren und sie den Kirchenbesuchern neu zu präsentieren.

Auch Joachim Wagner, der bedeutendste märkische Orgelbauer des Barock, liebte es, seine Instrumente mit Prospektfiguren zu versehen. So blieben an der 1742 bis 1744 entstandenen Wagner-Orgel in der Angermünder St. Marienkirche zwei Paukenengel erhalten, die der Organist per Registerzug über das Pedal zum Trommeln veranlassen kann. Im 19. Jahrhundert wurde die Paukenmechanik entfernt, bei einer Restaurierung durch die Potsdamer Firma Schuke 1974 jedoch rekonstruiert. Die originalen Kesselpauken sind auf

Paukenengel am Prospekt der Orgel von Joachim Wagner in der St. Marienkirche Angermünde.

die Töne A und d gestimmt. Beim Betätigen des Paukenzuges führen zwei weitere, auf dem Oberwerk sitzende Engel ihre Blasinstrumente – ventillose Naturtrompeten der damaligen Zeit – zum Munde. Auch die Trompetenengel der Wagner-Orgeln in Felchow und in Wartin (beide Uckermark) sind als mechanische Spielfiguren angelegt, die ihre Instrumente nach Betätigung des entsprechenden Registerzuges an den Mund führen.

Eine sensationelle Entdeckung gelang vor einigen Jahren in der fürstlichen Begräbniskapelle der Albertiner im Freiberger Dom. Zwischen 1585 und 1594 wurden in zwölf Metern Höhe, direkt unter dem Gewölbe, etwa dreißig musizierende Putten angebracht. Bei Restaurierungsarbeiten stellte man 2002 fest, dass es sich bei den von ihnen gespielten Lauten, Harfen, Posaunen, Zinken, Schalmeien, Trommeln und verschiedenen Geigen durchweg um Originalinstrumente der Renaissance handelte, die wichtige Erkenntnisse über den Instrumentenbau der damaligen Zeit lieferten.

In den Texten der heute noch gesungenen Gemeindelieder sowie der bekannten Kantaten und Oratorien sind die Engel weiterhin präsent. Auch wenn uns die Wortwahl vergangener Jahrhunderte manchmal etwas fremd vorkommt, so hat es durchaus etwas Anrührendes, wenn wir beispielsweise der Kantate Nr. 149 lauschen, die Johann Sebastian Bach zum Michaelistag komponiert hat, der ja nicht nur als Fest des Erzengels Michael begangen wird, sondern als Tag aller Engel: »Gottes Engel weichen nie, / Sie sind bei mir allerenden. / Wenn ich schlafe, wachen sie, / Wenn ich gehe, / Wenn ich stehe, / Tragen sie mich auf den Händen.« | Bernd Janowski

»Denn die Engel sind unsere
Wächter und Gleitsleute …«
Spurensuche
auf märkischen
Friedhöfen

Der Tod war bis weit ins 20. Jahrhundert hinein keine private Angelegenheit, sondern fand »mitten im Leben« statt. Die größte Sorge für einen mittelalterlichen Menschen war es, unvorbereitet zu sterben, das heißt, ohne gebeichtet und die Sterbesakramente empfangen zu haben. Die weltlichen Dinge mussten geregelt sein, die Familie und die Nachbarn verabschiedet werden, damit man frei von irdischer Last und gelassen von der Welt scheiden konnte. Im 15. Jahrhundert verbreitete sich rasch ein besonderes Werk der Erbauungsliteratur, die *Ars moriendi* (Kunst des Sterbens). Dieses Andachtsbuch war mit Holzschnitten illustriert, die den Prozess des Sterbens und den dabei anhebenden Kampf der Teufel mit den Engeln um die Seele drastisch schildern, und es sollte so zu einer rechtzeitigen Auseinandersetzung mit den eigenen Lastern und mit der Todesangst führen. Auf den Abbildungen sind jeweils die Versuchungen durch mangelnden Glauben, Verzweiflung, Ungeduld, Hochmut und Habgier mittels Teufel dargestellt, die an dem Sterbenden zerren, während die Engel tröstend und Zuversicht spendend sie vertreiben. Das letzte Bild zeigt die »glückliche Todesstunde«, die Seele gleitet in die Hände zweier Engel, die Teufel liegen murrend am Boden.

So vorbereitet und begleitet, gesalbt und mit den Sakramenten versehen, also nach einem »guten Tod«, konnte der Leichnam für die Bestattung vorbereitet werden. Diese war je nach Region und gesellschaftlichem Stand mehr oder weniger aufwendig. Die ländliche Bevölkerung bahrte ihre Toten auf Leichenbrettern auf, auf denen diese zuweilen auch begraben wurden, denn nicht jeder konnte sich einen Sarg leisten. Begraben wurde zunächst auf dem Kirchhof, dem Platz mitten im Dorf um die Kirche herum, bis, besonders in Pestzeiten, aus hygienischen Gründen die Friedhöfe an den Dorfrand verlegt wurden. Einfache Erdhügel und vermutlich schlichte Holzkreuze kennzeichneten die Gräber.

Ganz anders war die Sitte beim Adel und in der wohlsituierten Bürgerwelt der Städte. Repräsentationsbedürfnisse und Familienrücksichten erforderten Grabmale, die Herkunft und Lebensleistung der Verstorbenen dokumentieren sollten. Diese Gruppen konnten auch die Beerdigung innerhalb der Kirche, steinerne Grabplatten, Epitaphien oder architektonisch sorgfältig gestaltete Grabanlagen mit figürlichem Schmuck finanzieren, die naturgemäß den Jahrhunderten stärker zu trotzen vermochten als die Holzkreuze der Landbevölkerung.

So war es auch in der Mark Brandenburg um die Sepulkralkultur bestellt. In nahezu jedem märkischen Patronatsdorf findet man Epitaphien des dort einst ansässigen Adels, der in oder an der Kirche sein Totengedenken inszenierte. Im 17. und besonders im 18. Jahrhundert treten vermehrt Engelsdarstellungen an Grabsteinen auf. In Wulkow (Märkisch-Oderland) ließen sich die v. Burgsdorff 1695 eine Gruft-

◄ **Berlin, III. Städtischer Friedhof Stubenrauchstraße,** Grabmal Hirt, 1906, Valentino Casal.

Altgolßen, Epitaph, 18. Jahrhundert.

Berlin, Friedhof IV der Gemeinde Jerusalems- und Neue Kirche, Grabmal Wolff, Chronos 1904, Hans Latt.

kapelle mit imposantem Portal errichten. Die Allianzwappen der Familie werden von Engelchen getragen, die gleichsam als Beleg für die göttliche Auszeichnung der weltlichen Herrschaft fungieren. Doch ganz können sie ihre Abstammung von ernsten, jünglingshaften Engeln an dieser Stelle als Torwächter und Schildhalter nicht verleugnen, ebenso wenig wie den Einfluss humanistischen Gedankenguts, das sich an den reizenden, an antiken Genien und an Putten orientierten Kindergestalten zeigt. Es scheint, dass von der biblischen Schilderung der Engel bereits abgewichen wurde, denn: »[…] ein iegelich engel scheint also gestaltet / Als ein kint in iaren vieren in der iugende«. »Memento Mori« – »Gedenke des Todes« – steht direkt über dem Portal, in dessen Zwickel sich geflügelte Engelsköpfchen schmiegen. Auch über den Fensteröffnungen wachen sie über Ein- und Ausgang und verkünden Zuversicht.

In Altgolßen (Dahme-Spreewald) hat sich um die Dorfkirche ein Friedhofsensemble mit etwa 15 Grabmalen der einst dort ansässigen Adelsfamilien erhalten. Die ältesten Epitaphien an der Kirchwand stammen aus der ersten Hälfte des 18. Jahrhunderts. Wenig später klingt bereits das Rokoko an, und die großen Inschriftentafeln, die sich auf die damals weitverbreiteten Leichentexte beziehen, sind von Rocailleornamenten gerahmt. Zwei Engelchen tragen, darüber schwebend, die Adelskrone, die Allianzwappen oder gar beides. Gleichzeitig werden völlig selbstverständlich Symbole der Vergänglichkeit verwendet, die ursprünglich aus der Antike stammten. In Altgolßen haben sich neben den Epitaphien auch geschmückte Sarkophage aus Sandstein sowie Urnen- und figürliche Grabmale erhalten. Diese sind um 1800 entstanden und klassizistisch geprägt. Auf dem monumentalen Grabmal der Johanna C. C. Schneider (1774–99) liegt eine entrückt hingesunkene, halb entblößte junge Frau. Sie wird von einer züchtig bekleideten, älteren Frau mit Buch und Kreuz sowie von einem hingekauerten, geflügelten Greis mit

Stundenglas und Sense flankiert. Dieser Greis ähnelt bereits sehr dem Gevatter Tod, seine Flügel jedoch weisen ihn als Chronos, die Personifikation der Zeit aus. Hier verschmilzt der christliche Todesengel mit dem antiken Gott der Vergänglichkeit. Weitere hundert Jahre später mahnt ein monumentaler schlafender Chronos von Hans Latt auf dem Grab Georg Wolffs in Berlin an die Vergänglichkeit.

Weitere Beispiele für die zahlreichen Adelsepitaphien sind bei aufmerksamer Betrachtung in der gesamten Mark Brandenburg zu finden. Hier mag der Verweis auf einige wenige, besonders qualitätsvolle Beispiele genügen: Prädikow (Märkisch-Oderland), Sandsteinepitaph von 1733 für J. D. E. Ballaunen; Kotzen (Havelland), Sandsteinepitaph von W. Chr. Mayer für A. E. v. Stechow (1773) und für F. W. F. T. v. Stechow (1787); Zützen (Dahme-Spreewald), Grabdenkmal für K. W. v. Kleist und dessen Frau Eva E. L. (1770/80).

Wesentlich seltener trifft man auf derartig aufwendig gestaltete, dauerhafte Erinnerungsmale für Bürgerliche. Ein besonders beeindruckendes Beispiel aus der Zeit um 1615 findet man in St. Katharinen zu Lenzen (Prignitz), und zwar für die »Brezeltante« Anna Grieben, die den Kindern der Stadt jährlich vor Ostern die sogenannte »Brezelsalve« stiftete. Schüler, Lehrer und Pastoren bekamen zu Beginn des neuen Schuljahres Brezeln und Papier geschenkt, wodurch eine Tradition ihren Anfang nahm, die dann bis etwa 1920 aufrechterhalten wurde. Unter einer schlichten Arkade ist die Verstorbene in zeitgenössischer Kleidung sehr lebensvoll mit klarem Blick dargestellt. In die Zwickel sind hübsche vierflügelige Engelsköpfchen eingepasst.

In der Maria-Magdalenen-Kirche zu Eberswalde (Barnim) findet sich ein Kalksteinepitaph für das Ehepaar Fuchs, ca. 1675, auf das zwischen zwei Schrifttafeln ein von Säulen begrenztes Wappenschild gelegt ist. Zwischen den Wappen steht aufrecht, beide verbindend, ein Engel, der mit einem Harnisch bekleidet zu sein scheint.

Berlin, Sophienkirchhof, Grabmal Koepjohann, 1776, vermutlich Wilhelm Christian Meyer.

Eberswalde, Maria-Magdalenen-Kirche, Epitaph Fuchs, ca. 1675.

Berlin, Alter Domfriedhof der St.-Hedwigsgemeinde, Eingang, 1919, Joseph Limburg.

Als große Ausnahme auf dem Lande ist wohl der Grabstein des Pfarrers Plümicke aus der ersten Hälfte des 18. Jahrhunderts an der Nordwand der Kirche von Wernikow (Ostprignitz-Ruppin) anzusehen. Trauernde Putten und eine krönende Vase schmücken den schlichten Stein. Offenbar wusste dieser Pfarrer, sollte er selbst den Stein in Auftrag gegeben haben, zu dieser Zeit nicht mehr um die verschiedenen Kernaufgaben der Engel an den Gräbern der Verstorbenen. Bei Plümicke betrauern die Engel das Ableben des Pfarrers, anstatt über dessen friedlichen Tod erfreut zu sein.

Berlin, Alter Domfriedhof der St.-Hedwigsgemeinde, trauernder Engel, 1919, Joseph Limburg.

Viele Menschen waren in der von Humanismus und Aufklärung geprägten Zeit verunsichert. Rätselhafte Phänomene wurden plötzlich erklärbar, seit langem vertraute Gewissheiten als Aberglaube abgetan, neue Wege wurden eröffnet, und die schnell fortschreitende industrielle Revolution trug zum Verlust vieler Traditionen bei. Als Reaktion auf die gesellschaftlichen Umbrüche sehnte man sich nach Schutz und Sicherheit, Leitung und Geborgenheit. Die Vorstellung von Engeln, die die Sphären zu durchdringen vermögen, lautlos auf ihren Schwingen die Menschen begleiten, barg offenbar eine gewisse Faszination, die sich auch in der Sepulkralkultur niederschlug.

1861 besuchte Theodor Fontane den Ort Ganzer (Ostprignitz-Ruppin) und notierte: »[…] zwischen Blumen und Gräbern steht ein mächtiges Monument, das nicht einem einzelnen Toten, sondern dem ganzen aus diesem Leben geschiedenen Geschlecht errichtet ist. Die beiden letzten Jürgasse, ›de strenge un de gode Herr‹, wiesen in ihrem Testament eine bedeutende Summe zur Aufführung desselben an, und mit Gewissenhaftigkeit sind die Vollstrecker des Testaments diesem Letzten Willen nachgekommen. Es ist kein eigentliches Grabmal, sondern, wie schon hervorgehoben, ein mehr architektonisch gehaltenes Monument und stellt auf einem hohen Postamente von Sandstein, dem als nächstes ein Eisenwürfel folgt, eine baldachinartige, nach allen vier Seiten hin geöffnete Nische dar, in der, gesenkten Blickes, ein Engel des Friedens steht. Der Eisenwürfel ist mit Inschriften überdeckt.« Der Engel steht erhaben mit mächtigen Flügeln in einem antik anmutenden Gewand vor der Kirchenruine und neigt milde sein gelocktes Haupt, die Arme zum Segensgestus erhoben.

In Plaue (Brandenburg an der Havel) ließen die v. Görnes 1835 ein imposantes Friedhofstor mit zwei großen Engeln errichten, die, ebenso wie derjenige in Ganzer gewandet, auf

Prädikow, Dorfkirche, Epitaph Ballaunen, ca. 1735.

den mächtigen Sockeln im Anbetungsgestus niederknien. Die Zeit der Friedhofsengel ist nun angebrochen, die Kirchhöfe waren oft zu klein geworden; sie wurden vor die Tore verlegt oder gartenarchitektonisch neu angelegt. Als Hauptursache für die Konjunktur der Friedhofsengel ist jedoch die Erfindung der Galvanoplastik anzusehen, die es erlaubte, eine Grabplastik zu einem Bruchteil des Preises einer Steinskulptur zu erwerben. Dem Massengeschmack entsprechend, wurden die Engel süßlicher, oft weiblich-erotisch mit enganliegenden, den Körper betonenden Gewändern und sentimentalen Attributen gestaltet. Besonders auf großen städtischen Friedhöfen, allen voran in Hamburg-Ohlsdorf, »rauschen« Scharen von Flügeln. Sie stellen kaum noch einen Bezug zur christlichen Tradition her, sondern dokumentieren die persönliche Trauer der Hinterbliebenen.

Weiterhin entstanden auch großartige künstlerische Grabanlagen, z.B. die der Familie Mendelssohn-Bartholdy in Börnicke (Barnim) von 1909 mit geflügelten Genien auf der Einfriedung und mit knienden Wappenhaltern auf den gotisierenden Grabsteinen. Herausragend ist der Bestand auf dem Friedhof Bornstedt (Potsdam), z.B. der Engel auf dem Grab der Elisabeth Rosenthal (1885) oder das Grab des E. E. Illaire mit einem in einer Ädikula gelagerten monumentalen Engel von Julius Franz, dessen Pendant in Berlin auf dem Alten St. Matthäus-Kirchhof das Grab von Louis Mayer hütet.

Ganzer, Friedensengel, 1834, Schinkelschule.

Dort findet man auch das Grab Hermann Wevers mit einem schon stark vom Jugendstil geprägten trauernden Engel von Robert Toberentz (1892). Diesen Einfluss spürt man ebenfalls bei den beiden, den Eingang zum Berliner Hedwigsfriedhof flankierenden Engeln von Josef Limburg.

Nicht vergessen werden darf natürlich Stahnsdorf mit dem eigenwillig aufbegehrenden prometheischen Engel auf dem Grab des Flugzeugkonstrukteurs Rohrbach (1939), der gleichzeitig die anatomische Problematik der Flügel vor Au-

Wulkow bei Frankfurt (Oder), Eingang der Friedhofskapelle.

Stahnsdorf, Südwestkirchhof, Grab Schulte.

gen führt. Das genaue Gegenteil ist der ruhig sitzende Engel auf dem Grab Schulte, dessen mädchenhafte Gestalt von den ausdrucksvoll gearbeiteten großen Flügeln nahezu umhüllt wird (etwa 1930). In Berlin sind zahlreiche, oft extravagante Engelsfiguren zu finden, z.B. auf dem Grab von Alois Hirt in Friedenau, Stubenrauchstraße, wo ein mädchenhafter Engel von Valentino Casal (1905) seine kaum verhüllten Reize erahnen lässt.

Nach dem Zweiten Weltkrieg flaute die Engelbegeisterung ab. Die Grabmalkultur vereinheitlichte sich, insbesondere auf dem Lande. Üblich wurden kaum noch voneinander zu unterscheidende Steine, die den Namen des Verstorbenen tragen. Seit geraumer Zeit sind Engel jedoch wieder in allen Varianten als sentimentale »Grabbeigabe« zu verzeichnen, Putti in allen Posen, Farben und Materialien. Einige wenige Bildhauer setzen sich noch mit dem Engelsthema auseinander, wie etwa Wolfgang Joop mit einem alternden nackten Engel auf dem Grab seines Vaters oder Roswitha Schaab mit einem kompakten kleinen Trauerengel.

Ein Bezug zu den Traditionen der Engelsdienste, wie Beistand beim Sterben oder Seelengeleit in das himmlische Reich, scheint kaum noch zu existieren. | Susanne Gloger

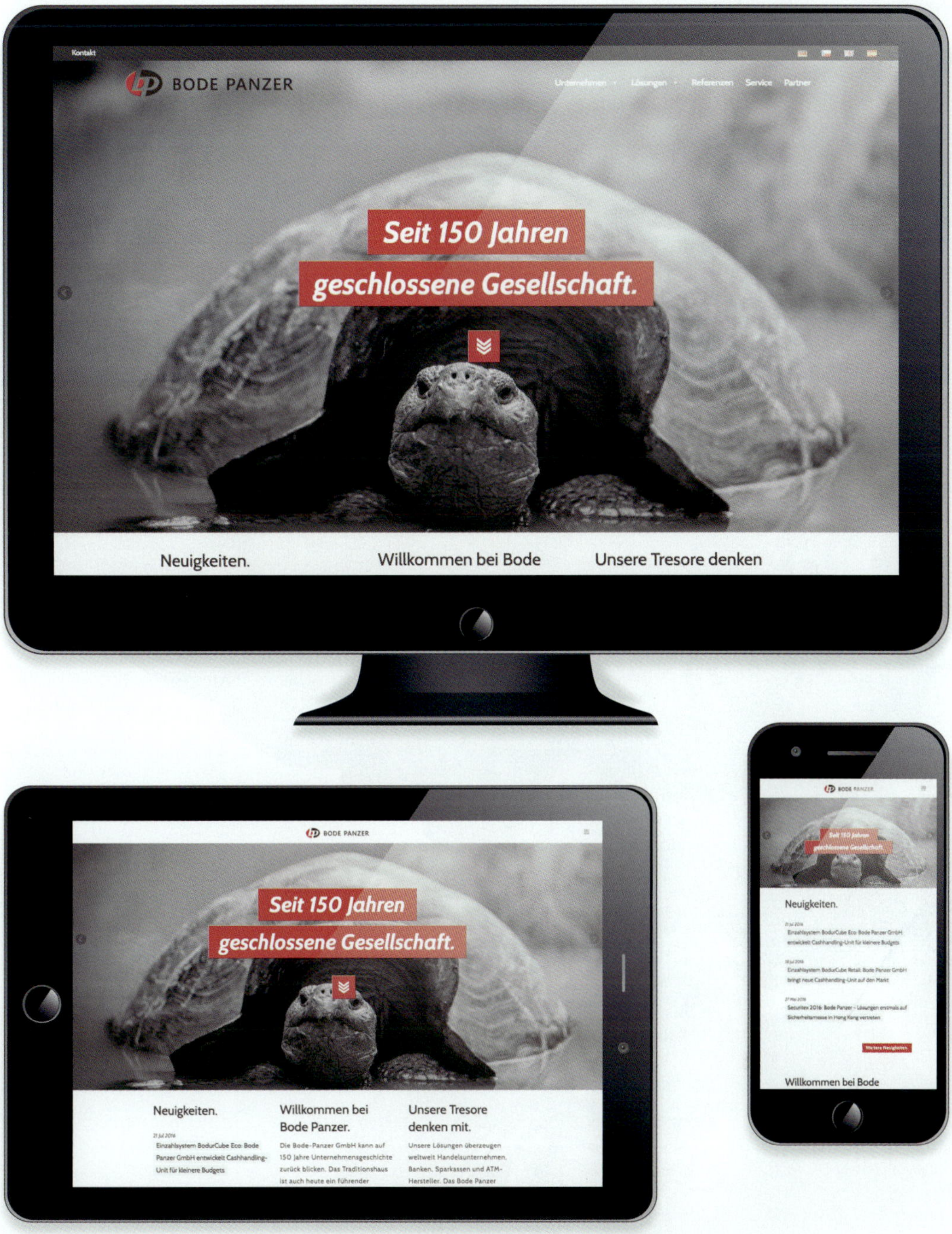
Kontakt
BODE PANZER
Seit 150 Jahren
geschlossene Gesellschaft.
Neuigkeiten.
Willkommen bei Bode
Unsere Tresore denken
Willkommen bei Bode Panzer.
Unsere Tresore denken mit.

Maulbeer Blatt

DIE TAUFENGEL

des Havelberger Bildhauers Heinrich Joachim Schultz in der Prignitz und im Land Ruppin

Der Name des Bildhauers Heinrich Joachim Schultz aus Havelberg ist zusammen mit dem des Havelberger Malers Christian Ludwig Schlichting durch eine Inschrift an dem 1723 errichteten Kanzelaltar in der kleinen Dorfkirche von Burghagen, östlich von Perleberg, bezeugt. Die Wappen am Altar weisen Caspar von Burghagen und Hedwig von Rohr als Stifter aus. Ein zweites Mal hat Schultz seinen Namen auf der Rückseite eines prächtigen Kanzelaltars in dem kleinen Dorf Garz, östlich von Neustadt (Dosse), zusammen mit der Jahreszahl 1728 in einen Balken über der Kanzeltür eingeschnitzt. Aufgrund dieser beiden für Heinrich Joachim Schultz gesicherten Kanzelaltäre konnte dem Havelberger Bildhauer von den Restauratoren des Brandenburgischen Landesamts für Denkmalpflege stilkritisch eine ganze Reihe weiterer Werke in dem Gebiet zwischen Havelberg, Kyritz, Fehrbellin, Pritzwalk und Perleberg zugewiesen werden, darunter auch die beachtliche Zahl von acht schwebenden Taufengeln, welche sich durch eine Reihe gemeinsamer Merkmale auszeichnen, die sich gut mit den Skulpturen der Kanzelaltäre aus der Werkstatt vergleichen lassen.

Die bisher erschlossenen archivalischen Nachrichten zur Person des Künstlers sind spärlich. Am 31. Dezember 1703 erfolgte der Eintrag des Tischlers und Bildhauers Henning Joachim Schultze aus Dannenberg im Lüneburgischen ins Neubürgerbuch der Stadt Havelberg. Henning ist die niederdeutsche Form von Heinrich. Differenzen in der Schreibung des Nachnamens waren in dieser Zeit Usus. Bei der Häufigkeit des Namens Schultz/Schulz/Schultze/Schultzen sind familiengeschichtliche Nachforschungen schwierig. In den Dannenberger Taufregistern findet sich der Eintrag über die Taufe eines Jochim Heinrich Schultze am 28. Januar 1672. (Für Recherchen danke ich Antje Reichel in Havelberg und Sylvia Möhle in Göttingen.) Mit einiger Wahrscheinlichkeit handelt es sich hier um unseren Bildhauer, der demnach 31 Jahre alt war, als er sich in Havelberg niederließ, was aber nicht ausschließt, dass er vielleicht schon vorher als Geselle in der Stadt gearbeitet hatte.

Antikisierende Karyatiden, die bei Schultz öfter den Schalldeckel der Kanzel tragen, finden wir beispielsweise auch an der Kanzel des Havelberger Doms, die der Überlieferung nach 1693 errichtet wurde. Dieses Werk könnte ihn beeinflusst haben. Die fliegenden Taufengel an sich lassen sich ebenfalls aus der Antike herleiten. Sie haben ihr Vorbild in geflügelten Victorien. Im Zeitalter des Absolutismus sind römisch-imperiale Triumphmotive zur Repräsentation von Herrschaft ein wichtiges Element. An der neu gegründeten Berliner Akademie studierten Künstler um 1700 an antiken Vorbildern. Die Ausbildung von Heinrich Joachim Schultz zum Bildhauer fällt in diese Zeit der verstärkten Antikerezeption und des Ausbaus Berlins zum repräsentativen »Spreeathen«. Zwar erreicht der Havelberger Bildhauer in der

◄ Zernitz, Taufengel.

Darstellung der menschlichen Figur nicht das künstlerische Niveau seiner Berliner Kollegen aus dem Umkreis Andreas Schlüters, aber ikonografisch ist sein Werk vor diesem Hintergrund zu sehen.

Im Gebiet westlich und südlich der Stadt Havelberg ließen sich bisher keine Arbeiten von Heinrich Joachim Schultz

Garz, bei Neustadt (Dosse), Kanzelaltar 1728.

Garz, Signatur Heinrich Joachim Schultz 1728.

nachweisen. In dem Raum westlich der Elbe gab es vermutlich eine starke Konkurrenz in Städten wie Stendal, Salzwedel, Lüneburg und Magdeburg, und über die Elbe ist außerdem mit einem Kunstexport aus Sachsen und aus Hamburg in diesen Raum zu rechnen. In den heutigen nordwestlichen Kreisen des Landes Brandenburg, der Prignitz und im Lande Ruppin, hingegen scheint sich der Havelberger Bildhauer eine Art Monopolstellung in der Zeit um 1720/30 erarbeitet zu haben, wobei jedoch zu bedenken ist, dass wir über die verlorenen Barockausstattungen vieler Stadtkirchen nur wenig wissen. Vom Schaffen des Havelbergers zeugen heute noch die Taufengel in dem schon erwähnten Garz, in Holzhausen, Plänitz und Zernitz im Kreis Ostprignitz-Ruppin und diejenigen in Kleinow, Klein Lüben, Wutike und Schönhagen im Kreis Prignitz.

Der schönste dieser Engel ist wohl der in Schönhagen bei Pritzwalk. Ihn zeichnet gegenüber den anderen eine po-

lychrome Originalfassung mit bunten Flügeln aus. Das rote, hellblau gefütterte Gewand des Engels trägt ein Blütenmuster, und die ausgebreiteten Schwingen leuchten außen in Grün, Blau, Rot und Gelb. Kleinere Fehlstellen in der Fassung und der Holzsubstanz wurden bei einer Restaurierung 1995 glücklicherweise belassen, sodass der Engel uns auch an die Vergänglichkeit gemahnt und von einer langen Objektgeschichte zeugt. Die behutsam erhaltene Originalität der Farbfassung hat der Schönhagener Engel vielen anderen Stücken voraus, die durch unsensible harte Neufassungen – leider auch noch in jüngerer Zeit – entstellt und ihres Quellenwertes beraubt worden sind. So erscheint mancher dreihundert Jahre alte Engel heute äußerlich tot, weil ihm die Würde der natürlichen Alterungsspuren fehlt, die ein Kunstwerk erst zum Denkmal werden lässt.

Leider allzu oft sind barocke Taufengel in Brandenburg durch dilettantisch ausgeführte Neubemalungen und Holzergänzungen entstellt worden. Es ist dem Taufengelprojekt des Brandenburgischen Landesamtes mit seinem 2013 bereits in zweiter, ergänzter Auflage erschienenen Katalog des Gesamtbestandes der Taufengel im Land Brandenburg zu verdanken, dass die Öffentlichkeit stärker für derartige Fragen der Denkmalpflege sensibilisiert wurde. Nicht jeder Handwerker, der es »gut meint«, verfügt auch über die entsprechende Ausbildung und Erfahrung, und die bei solchen illegalen »Restaurierungen« angerichteten Schäden sind mitunter irreversibel.

Der Schönhagener Taufengel vereint viele Merkmale, die typisch für die Skulpturen aus der Werkstatt des Havelberger Bildhauers sind. Das Gesicht des Engels blickt ausge-

Schönhagen bei Pritzwalk.

Groß Woltersdorf, anobiengeschädigter Torso einer der beiden Karyatiden des abgebrochen eingelagerten Kanzelaltars.

sprochen freundlich mit hellblauen Augen, leichtem Lächeln und geröteten Wangen. Die Haare fallen in kecken spitzen Strähnen in die Stirn. Der weite Gewandausschnitt und die hochgekrempelten Ärmel bilden parallele Faltenwülste, und auch die übrigen Gewandflächen sind durch solche, etwas teigig wirkenden Wülste gegliedert. Es gibt keine harten, scharfkantigen Knitterungen, sondern alles wirkt rundlich geschwungen. Auch das schmale Tuch, mit dem das Gewand gegürtet ist, wurde zu solchen Wülsten zusammengelegt und bildet zwei herabhängende halbrunde Schlaufen. Eine ähnliche Gestaltung der Gewandfalten beobachten wir auch in den Gemälden des wohl öfter mit Schultz zusammenarbeitenden Havelberger Malers Christian Ludwig Schlichting, der beispielsweise das Abendmahlsgemälde von 1704 im Altar in Dreetz signierte. Der Engel hält in beiden Händen vor der Brust einen offenen grünen Lorbeerkranz zur Aufnahme der Taufschale. Das Gewand staut sich über den Knien, und die nackten Beine rudern angewinkelt in der Luft. Auch die Ansicht von der Rückseite zeigt ein immer wiederkehrendes Motiv: Der Saum des Gewandes bildet einen wellenförmigen, fast ornamentalen Mäander, wie er typisch für die Taufengel aus der Werkstatt ist.

Der Erhaltungszustand der Arbeiten von Heinrich Joachim Schultz fällt sehr unterschiedlich aus. Die Lindenholzskulpturen sind anfällig für Anobien (»Holzwurm«), und die Farbfassung hat oft unter Klimaschwankungen, Feuchtigkeit und Schmutz gelitten. Am stärksten betroffen ist der zerlegt auf dem Kirchenboden lagernde barocke Kanzelaltar in Groß Woltersdorf in der Prignitz. Die Holzsubstanz der Figuren ist bereits sehr stark geschädigt, und die Kirchengemeinde bedarf dringend der Unterstützung, um den Erhalt des vom Typus dem Garzer sehr ähnlichen, einst prächtigen Werkes zu sichern.

Wie weit eine Restaurierung geht, ob ein Stück nur gefestigt, gereinigt und konserviert oder ob Holz- und Fassungsergänzungen vorgenommen werden, bleibt von Fall zu Fall zu entscheiden, wobei natürlich eine Rolle spielt, was finanzierbar ist. Vordringliche Aufgabe dabei: der Schutz vor weiterem Verfall – ergänzen lässt sich dann in Zukunft immer noch. Es ist ein erhabener Moment, wenn ein Engel, der lange auf dem Kirchenboden oder in einem Abstellraum lag, wieder »fliegt« und unter der Kirchendecke schwebt wie etwa derjenige in Zernitz bei Neustadt (Dosse).

Jahrzehnte hatte der Engel ramponiert auf dem Kirchenboden gelegen, Schmutz und Anobien setzten ihm stark zu. Die vom Brandenburgischen Landesamt für Denkmalpflege, der Evangelischen Kirche Berlin-Brandenburg-schlesische Oberlausitz und dem Förderkreis Alte Kirchen Berlin-Brandenburg ins Leben gerufene Aktion »Menschen helfen Engeln« rückte auch den Zernitzer Taufengel wieder in das Licht der Öffentlichkeit und warb um Spenden für die Res-

Holzhausen, Taufenengel nach der Restaurierung mit bildhauerischen Ergänzungen.

taurierung. Nach einer Stickstoffbegasung zum Abtöten von Holzschädlingen wurde der Engel gereinigt, mit Kunstharz gefestigt, behutsam retuschiert und 2009 wieder in der Kirche neben dem barocken Kanzelaltar von Schultz aufgehängt. Später wiederaufgetauchte Einzelteile konnten 2013 ergänzt werden (siehe das Titelbild des Beitrages).

Auch die Schultz-Engel in Plänitz, Kleinow und Holzhausen konnten im Zuge des Taufengelprojektes in den letzten Jahren restauriert werden. Sehr typisch für die Schultz-Engel ist das kindlich-freundliche Gesicht des Plänitzer Engels. Diese Engel haben etwas sehr Liebenswertes mit ihrem leichten Lächeln und den weit geöffneten Augen. Sie sind etwas pausbäckig und haben kleine Grübchen an den Mundwinkeln. Die Haare fallen meist in breiten Strähnen in die Stirn. Von der originalen Bemalung des Plänitzer Engels sind nur noch Reste zu erahnen.

In Kleinow bei Perleberg fertigte Heinrich Joachim Schultz nicht nur den Taufengel, sondern auch den Kanzelaltar. Wie im nahegelegenen Burghagen waren die durch Wappen ausgewiesenen Stifter Achatz Casper von Burghagen und dessen Gemahlin Dorothea Hedwig von Rohr. Eine Stiftungsinschrift aus dem Jahre 1723 auf einem ovalen Schild am Gestänge über dem Kleinower Engel erinnert an den 1720 verstorbenen Christian von Burghagen. Neben dieser Stiftungsinschrift sind die originale Farbfassung und die auf dem Dachboden erhaltene mechanische Konstruktion zum Absenken und Heben des Kleinower Engels bemerkenswert. Ein stark vergilbter Firnis auf der Oberfläche wurde bei der Restaurierung im Jahre 2011 abgenommen, sodass die Farben des natürlichen Inkar-

Plänitz, Gesicht des Taufengels.

Gesicht des Kleinower Engels.

nats, der Weißfassung des Gewandes mit goldenen Säumen, der ebenfalls weißen Flügel mit vergoldeten Höhungen und des hellblauen, um den Leib geschlungenen Tuches mit goldenen Fransen wieder zur Geltung kommen. Das Gestänge zur Aufhängung des Engels ist mittels einer über zwei hölzerne Rollen laufenden Kette auf dem Dachboden mit einer Steinkiste als Gegengewicht verbunden.

Neben dieser Konstruktion gibt es bei schwebenden Taufengeln auch die Variante mit einer Wippe auf dem Dachboden, wie man sie von Ziehbrunnen her kennt. Oft wurde dann im Bauch des Engels eine eiserne Öse angebracht, in die der Küster einen Stab zum Herabziehen des Engels einhaken konnte. In den Rechnungen für Taufengel sind manchmal auch die Ausgaben für Schlosserarbeiten und das benötigte Seil verzeichnet.

Der Taufengel in Holzhausen bei Kyritz wurde im Inventarverzeichnis von 1907 als auf dem Dachboden der Kirche liegend erwähnt. Die Einzelteile hatten bis 2006 in einer Garage im Dorf überdauert. Hände, der linke Fuß und der Kranz zur Aufnahme der Taufschale waren allerdings inzwischen verloren gegangen, der Torso durch Anobienfraß geschädigt und stark verschmutzt. 2007 konnten die fehlenden Teile nach dem Vorbild anderer Schultz-Engel bildhauerisch ergänzt werden, und der Taufengel kehrte in die Kirche zurück. In der erhobenen rechten Hand hielt er vermutlich wie der Taufengel in Wutike einen Palmzweig als Zeichen des Friedens. Von den anderen Engeln aus der Werkstatt Schultzens unterscheiden sich diejenigen in Wutike und in Holzhausen dadurch, dass sie die Taufschale in einer Hand tragen, und durch den spitzen Gewandausschnitt. Die Ausführung der Gesichter und der Gewandfalten lässt an der Autorschaft Heinrich Joachim Schultzens jedoch keinen Zweifel.

| Detlef Witt